L'EMPEREUR

ET LA

DÉMOCRATIE MODERNE

PAR

M. A. GRANIER DE CASSAGNAC

DÉPUTÉ AU CORPS LÉGISLATIF, MEMBRE DU CONSEIL GÉNÉRAL DU GERS

> « Notre société actuelle, il est essentiel de le constater, n'est pas autre chose que la France régénérée par la révolution de 89 et organisée par l'Empereur. »
> LOUIS-NAPOLÉON BONAPARTE, *Préambule de la Constitution de 1852.*

PARIS
E. DENTU, LIBRAIRE-ÉDITEUR
PALAIS-ROYAL, 13, GALERIE D'ORLÉANS

—

1860

L'EMPEREUR

ET LA

DÉMOCRATIE MODERNE

I.

Les institutions impériales fonctionnent , depuis huit ans, avec des résultats incontestables et incontestés de sécurité et de prospérité au dedans, de prépondérance et de gloire au dehors. Si l'on excepte les partis et les ambitions, toujours mécontents de ce qui les détrône ou les désarme, il n'existait, dans l'opinion générale du pays, aucun courant qui poussât aux changements et aux réformes, lorsque, au milieu de cette confiance du plus grand nombre et du silence de tous, le décret du 24 novembre 1860 est venu inaugurer, soudainement et inopinément, des mesures qui, sans altérer, il est vrai, la Constitution, modifient néanmoins, d'une manière notable, les conditions politiques dans lesquelles la France vivait et dont elle se trouvait satisfaite.

Comme il est d'usage ancien et général de n'apporter des changements aux lois qui régissent les Etats qu'après qu'ils ont été sollicités, l'initiative prise par le décret du 24 novembre a, par cela même, vivement frappé, et, tout d'abord, dérouté les esprits, quelque familiers qu'ils dussent être avec la soudaineté que l'Empereur met d'ordinaire dans l'exécution de ses grandes mesures.

Tous, amis et ennemis, se sont demandé quelle raison avait pu porter un homme d'État aussi réfléchi, aussi consommé, aussi patient, à devancer l'opinion publique, et à donner à la Constitution un développement, à la vie politique une incitation qu'assurément cette opinion publique ne sollicitait pas.

II.

Les ennemis du gouvernement, car il faut bien donner ce nom à tous ceux qui voudraient au moins le changer, semblent s'être mépris sur l'idée inspiratrice du décret du 24 novembre; ils y ont vu une concession, c'est-à-dire un désaveu de soi-même, ce qui est presque toujours une faiblesse. Ils ont donc accueilli le décret comme on accueille les concessions, c'est-à-dire ils ont cherché à se servir de ce qu'il donne pour arracher ce qu'il réserve.

Nantis, par le décret, d'une plus grande extension de la vie politique, ils ont voulu en faire profiter leurs amis, en les introduisant sans retard dans le Corps législatif dissous et renouvelé. Nantis de la libre discussion des questions politiques, au sein des deux premiers corps de l'État, ils ont voulu introduire cette libre discussion dans la presse. La présence de trois ministres sans portefeuille dans les discussions du Sénat et du Corps législatif leur a semblé, bien qu'inattendue, une raison de demander encore la présence de tous les autres ministres; enfin ils ont reçu le décret du 24 novembre comme la débâcle des principes fondamentaux de l'Empire, et comme un retour confus, et repentant à des institutions précédentes jugées néanmoins et sévèrement, par le pays.

III.

L'impression produite par le décret sur les amis du gouvernement a naturellement été différente et même contraire.

Bien que certains d'entre eux, témoins et coopérateurs loyaux des grands et nobles résultats des huit premières années de l'Empire, n'aient peut-être pas bien compris, du premier abord, la nécessité de modifier des institutions dont

le fonctionnement a été jusqu'ici si utile au rétablissement de l'ordre, de la prospérité et de la prépondérance
nationale, ils ont néanmoins pensé, même avant d'aller
au fond des choses, qu'il était impossible que l'Empereur
eût été inspiré par le désir de dénaturer les institutions
fondées, en 1853, avec l'assentiment solennel de la France,
et qu'il eût l'intention de désavouer à la fois ses principes et
ses amis.

Une longue et heureuse pratique avait montré ces principes trop efficaces et ces amis trop fidèles, pour qu'il y eût à
se départir des uns ou à se séparer des autres. Il était, au
contraire, plus conforme à la logique et à la loyauté de l'Empereur de supposer que l'idée de conférer des pouvoirs plus
étendus au Sénat et au Corps législatif avait été suggérée
par l'intelligent et patriotique usage que ces Grands Corps
avaient fait de pouvoirs plus restreints.

Ainsi, et avant tout examen, les changements apportés au
fonctionnement des institutions impériales par le décret du
24 novembre, revêtaient, aux yeux des amis du gouvernement impérial, le caractère d'un témoignage éclatant de la
confiance du Souverain dans la continuation de ce concours,
que n'ont cessé de lui donner les représentants légaux du
pays. Il était bien évident que la certitude morale de la
même adhésion et du même dévouement de la part du
Sénat et du Corps législatif devait seule avoir porté l'Empereur à étendre notablement et spontanément leurs prérogatives, car le plus vulgaire bon sens suffit à comprendre
qu'on n'ajoute jamais volontairement aux droits et à la force
de ceux qu'on redoute.

Tel est le sentiment général avec lequel les amis des institutions impériales ont accueilli le décret du 24 novembre.
Nous croyons que ce sentiment est parfaitement fondé, et
qu'étant donnée, ce dont il serait déraisonnable de douter, la
même résolution du corps électoral et des grands corps de
l'État de continuer à ces institutions leur sincère et patriotique dévouement, elles recevront infailliblement de la pra-

tique des nouvelles libertés beaucoup plus de force au dedans et beaucoup plus de lustre au dehors.

C'est à la justification rationnelle de ces impressions instinctives des amis du gouvernement impérial que nous voulons consacrer ce petit nombre de pages. La satisfaction visible qu'ont laissé percer les adversaires naturels de ces institutions demande peut-être aussi que l'on rassure certains esprits honnêtes, mais timorés, qui sont portés à s'inquiéter des luttes nouvelles inaugurées par le décret du 24 novembre, par cette seule raison que leurs ennemis s'en réjouissent.

IV.

Quatre choses caractérisent et résument le décret du 24 novembre, ce sont :

Le droit conféré au Sénat et au Corps législatif de délibérer et de voter une adresse à l'Empereur, en réponse à son discours d'ouverture de la session ;

La création de ministres sans portefeuille, participant aux délibérations du Conseil, et chargés de défendre les actes et la politique du gouvernement devant les chambres ;

Le rétablissement de l'article 51 du décret du 22 mars 1852, qui rend au Corps législatif, avec une certaine forme plus efficace et dans une étendue plus considérable, le droit d'amender les lois ;

Le compte rendu direct, complet et textuel des débats du Sénat et du Corps législatif, mis, tous les soirs, à la disposition des journaux, sous forme d'analyse développée, et insérés, *in extenso*, dans le journal officiel du lendemain.

Enfin, ces quatre mesures empruntent une signification considérable à ce fait, que le décret du 24 novembre garde le silence sur le régime de la presse périodique, et laisse par conséquent sans modication le décret du 17 février 1852, dans lequel ce régime est réglementé.

De ces quatre mesures, la plus considérable sans contre-

dit est le droit conféré au Sénat et au Corps législatif de voter une adresse à l'Empereur. C'est donc par celle-là qu'il
s'agit de commencer notre rapide examen.

V.

DISCUSSION DE L'ADRESSE.

Ce serait tenter de dissimuler l'évidence et négliger le
principal caractère du rétablissement de l'Adresse, de ne
pas dire encore que, de toutes les mesures contenues
dans le décret du 24 novembre, celle-ci est assurément la
plus inattendue.

Nous ne voudrions pas, par un sentiment de respectueuse
déférence, présumer légèrement les dispositions du Sénat.
Nous croyons néanmoins être dans la vérité, en supposant
que le vœu général de cette assemblée n'allait pas jusqu'au
retour des luttes politiques, dont le vote d'une adresse es^t
l'occasion.

Ce que nous croyons du Sénat, nous l'affirmons sans hésiter du Corps législatif. Nous ne voudrions pas dire que la
discussion d'une Adresse n'y sera pas favorablement ac-
cueillie, mais seulement qu'elle n'y était ni espérée ni sou-
haitée.

Si, des deux premiers Grands Corps de l'État, nous des-
cendions à ces populations calmes, laborieuses et honnêtes
dont le vœu constitue la pensée nationale, il ne faut pas hésiter à dire qu'on trouverait parmi elles, comme sentiment
dominant, une certaine inquiétude au sujet de l'influence
que peut exercer le retour des discussions politiques sur
le maintien de cette sécurité douce, à laquelle on s'habitue
si vite, quand on vit de son travail, et qui était entrée, plus
que ne pourraient le croire les salons de Paris, dans les
mœurs publiques.

Ainsi, le rétablissement du vote de l'Adresse est une in-

novation libérale de beaucoup en avant sur l'attente du
pays. Voilà d'abord ce qu'il faut savoir démêler et oser
dire, pour l'intelligence même de cette mesure et de ses
suites.

Pour diriger l'opinion, il faut d'abord la précéder, et en-
suite lui ouvrir les bonnes voies, afin qu'elle ne s'égare pas
dans les mauvaises.

Voilà pourquoi, tout bien considéré, nous n'apercevons
aucun danger sérieux et qu'on ne puisse conjurer, dans la
discussion et dans le vote de l'Adresse.

VI.

C'est un fait public, et personne ne l'ignore, que les discussions politiques de toute nature, les plus délicates comme
les plus élevées, se faisaient jour au Corps législatif, malgré
l'ordre du jour et le règlement. Un crédit, un contingent,
un rapport d'élection servaient de prétexte et de véhicule à
des discours essentiellement politiques, dont plusieurs n'é-
taient pas au-dessous des luttes les plus mémorables d'autrefois.

L'Adresse développera donc, si l'on veut, la vie politique
dans les chambres actuelles, mais elle ne l'y créera pas.
Elle y existait de fait; toujours sérieuse, quelquefois fort
animée.

Les mœurs traditionnelles de ce pays, ses habitudes d'i-
nitiative, son goût pour la discussion, son admiration pour
les grands orateurs, n'auraient donc pas permis de songer à
exclure, systématiquement et à toujours, la vie politique
des assemblées délibérantes. Ne pouvant pas l'en chasser,
il valait mieux l'y introduire régulièrement et lui donner sa
place légale.

Pourquoi d'ailleurs ne l'aurait-on pas fait, aussitôt que
les institutions bien assises, le courant des idées générales
bien dessiné, l'adhésion du pays bien constatée, la popula-

rité de la dynastie bien consolidée auraient permis de se départir, sans trop de danger, des précautions et des réserves qui avaient été une nécessité, et un devoir impérieux en 1852, au sortir de la crise redoutable dans laquelle la France avait été près de périr?

Aussi longtemps qu'on s'était trouvé au milieu de la société nouvelle, comme dans une chambre de malade, le calme, l'immobilité, le silence avaient pu être nécessaires ; mais l'énergie virile des institutions actuelles permet et conseille de proportionner leurs épreuves à leurs forces. Vienne donc l'examen public : les institutions impériales ont pour elles des défenseurs contre lesquels aucune éloquence ne prévaudra : ce sont les huit années de résultats résumés dans la sécurité et dans la gloire de la France.

Assurément, tout le monde a pu le constater, il est peu de questions, celles qui touchent au principe même des institutions exceptées, qui n'aient été librement abordées dans la presse. Au Corps législatif, les membres de la minorité, tout en regrettant que la Constitution leur fermât la bouche, ont eu, lorsqu'ils l'ont voulu, la faculté de tout dire. Eh bien ! ces protestations continuelles contre une contrainte qui n'existait pas, ces vœux ardents en faveur d'une liberté dont on jouissait dans une mesure fort raisonnable, renfermaient peut-être plus de périls que la discussion elle-même. Les esprits hostiles affectaient systématiquement d'affirmer le caractère dictatorial des institutions impériales ; les esprits inattentifs ou timorés ne mettaient pas toujours tout le soin et toute l'énergie désirables à constater et à démasquer ce qu'il y avait de faux et d'exagéré dans une telle accusation ; si bien qu'à la longue il s'établissait, peu à peu, au dedans et au dehors, que la France, bâillonnée et courbée, n'était plus ce pays d'initiative intellectuelle, morale et politique, foyer où se sont élaborées et d'où se sont élancées sur le monde les impérissables doctrines de 89.

Or, telle n'est pas, il est important que cela soit publiquement constaté, la situation de la France et de l'Empire.

Enfin, une dernière et puissante considération justifie l'appel fait désormais, non-seulement à l'examen, mais à l'initiative du pays.

Jusqu'à présent, l'idée des grandes et principales mesures de la politique intérieure et de la politique extérieure est habituellement venue du trône. D'ailleurs, la preuve que ces mesures étaient droites et efficaces, c'est que les grands Corps de qui elles relevaient les ont sanctionnées. N'y avait-il pas précisément, dans cet accord du souverain et des organes légaux de l'opinion publique, une raison de croire que le pays pouvait, avec avantage, être appelé à participer plus activement, plus intimement, à la direction générale de ses affaires?

Cette déclaration générale et préalable des sentiments du Sénat et du Corps législatif, exprimés dans leurs Adresses respectives, ne saurait manquer d'ajouter à l'action constitutionnelle ou morale de l'Empereur une grande force.

Les détracteurs des institutions impériales n'auront plus même le prétexte de présenter la marche des affaires comme le résultat d'une politique personnelle, isolée et autocratique.

Au dedans, l'Empereur pourra dire aux minorités que le pays est avec lui.

Au dehors, l'Empereur pourra dire aux puissances que le pays est derrière lui.

Le calme, l'ordre, la sécurité, la prospérité découleront désormais d'une manière plus directe des institutions elles-mêmes, libéralement pratiquées; et sans que l'Empereur soit plus petit, l'empire sera plus grand.

Sans doute, de telles modifications à la pratique précédente du gouvernement ne sauraient avoir lieu sans ajouter considérablement aux soucis, aux devoirs, aux travaux de tous ceux qui ont l'honneur de participer à la conduite des affaires; mais la grandeur du résultat à atteindre vaut bien quelque effort, et si la peine s'accroît, c'est avec l'honneur.

Bien certainement, l'Empereur ne s'est dissimulé aucune des difficultés nouvelles qu'il provoque ; il les connaît toutes, et il les accepte. Les gouvernements qui n'ont de leur côté ni la raison, ni les bonnes intentions, ni le culte du devoir, ni le patriotisme, peuvent incliner à se faire protéger systématiquement par le silence et par la force ; mais ceux qui, comme l'Empereur, doivent le pouvoir, la popularité et la gloire à leur bon sens, à leur courage et à leur travaux, ne sauraient avoir de plus grand désir et ne sauraient se proposer de plus grand triomphe, que de dire à tous les hommes sincères : « Voilà mes principes et mes actes ; jugez et prononcez ! »

Quant au Corps législatif, il exprimera dans son Adresse les principes et les sentiments qu'il a toujours exprimés dans ses votes.

Pénétré des opinions qui animent toutes les populations de l'Empire, ce n'est pas quand il aura des témoins plus nombreux de son indépendance et de son dévouement qu'il en diminuera l'énergie ; il mettra à seconder le développement des institutions impériales le patriotisme et la fermeté qu'on l'a vu mettre à assurer leur fondation.

VII.

La création de ministres assistant aux délibérations du Conseil, et venant expliquer et défendre, devant le Sénat et le Corps législatif, les vues et les actes du gouvernement, était une conséquence naturelle et forcée du développement donné au principe d'examen et de discussion dans les deux chambres. Sans doute M. le président du Conseil d'État avait déjà la fonction sinon le titre des nouveaux ministres, et les membres du Corps législatif savent, plus directement encore que le public, avec quelle efficacité et quel éclat il accomplissait sa tâche laborieuse ; mais l'extension donnée aux débats créait désormais des nécessités et des devoirs au-dessus des forces d'un seul, quels que fussent son zèle et son talent.

L'institution de ministres sans portefeuille, c'est-à-dire sans administration et sans bureaux, est ancienne en France, et a été souvent pratiquée, dans l'ancienne monarchie comme sous la nouvelle.

Jusqu'à la révolution, les ministres sans portefeuille portaient le titre de Ministres d'État, et avaient pour fonction pure et simple d'assister aux divers Conseils et d'y donner leur avis, comme les autres ministres.

Sous la Restauration et sous le Gouvernement de Juillet, il y eut aussi des ministres sans bureaux, qu'on appela Ministres d'État ou ministres sans portefeuille, et qui, à part les fonctions administratives, dont ils étaient privés, avaient toutes les autres prérogatives de leurs collègues ; ils assistaient aux délibérations du Conseil et ils prenaient part aux discussions des assemblées.

Sous la Restauration, une ordonnance du 21 décembre 1820 conféra le titre de ministre d'État à M. Corbière et à M. de Villèle, membres de la chambre des députés. M. Lainé était déjà investi des mêmes fonctions.

Sous le Gouvernement de Juillet, une ordonnance du 11 août 1830 nomma ministres d'État ou sans portefeuille M. Jacques Laffitte, M. Casimir Périer, M. Dupin aîné et M. le baron Bignon.

Sous le gouvernement de la Restauration, comme sous le gouvernement de 1830, les ministres sans portefeuille prirent part aux discussions parlementaires; et M. Dupin aîné, dans ses *Mémoires*, caractérise même ses fonctions ministérielles, en disant qu'il était l'Avocat du Conseil.

Quoique portant le même titre, les ministres sans portefeuille institués par le décret du 24 novembre diffèrent néanmoins, d'une manière notable, des ministres sans portefeuille établis sous le gouvernement de Juillet et sous la Restauration.

Ceux-ci étaient, dans la chambre des députés, comme les chefs d'un certain groupe d'opinions, qu'on rattachait à la majorité ; ils assistaient leurs collègues dans les chambres, mais sans les y suppléer d'une manière systématique et permanente.

Représenter, dans les deux chambres, la politique du gouvernement, y expliquer, et y défendre, avec cette politique, les actes accomplis par leurs collègues, chargés des départements administratifs ; — tel est le caractère des ministres sans portefeuille récemment institués.

La différence des anciens ministres sans portefeuille est donc considérable ; mais il nous semble qu'elle s'explique et se justifie par la différence des institutions.

Le *Journal des Débats*, l'*Univers*, le *Siècle*, et, avec eux, la plupart des autres feuilles parisiennes, ont parlé des ministres sans portefeuille ; et à voir les inconvénients ou les périls qu'ils trouvent à cette institution, il nous paraît évident qu'ils ne la comprennent pas très-nettement, c'est-à-dire qu'ils ne se rendent bien compte ni de son principe logique, ni de ses effets certains.

La raison principale qui empêche les journaux dont nous parlons de se faire une idée claire et juste de la raison d'être et du fonctionnement naturel des ministres sans portefeuille, vient surtout de ce qu'ils jugent les institutions impériales au point de vue des gouvernements traduits ou imités de l'anglais, qu'on a imposés à la France en 1815 et en 1830, et que, pour eux, le bien consiste à se rapprocher de ces régimes et le mal à s'en écarter.

Nous voudrions essayer de dissiper cette confusion, et de montrer que l'institution des ministres sans portefeuille est aussi raisonnable en elle-même que conforme aux principes des institutions impériales.

VIII.

Les ministres étant la représentation la plus directe du

pouvoir souverain, il faut, pour bien comprendre que le rôle des ministres, dans les institutions impériales conformes au génie français, ne doit pas être le même que le rôle des ministres dans les institutions parlementaires, importées d'Angleterre, il faut bien marquer la différence qui sépare, dans ces deux régimes, la nature, la source et les attributions du pouvoir souverain.

En Angleterre, la monarchie est beaucoup plus un principe abstrait, une idée, un sentiment, un mot, qu'une réalité agissante. Le pouvoir, l'esprit, la direction et la pratique efficace des affaires ne sont pas dans les attributions de la couronne, mais dans celles du Parlement. Le trône est, pour les hommes politiques de l'Angleterre, comme un point de ralliement et une sorte d'institution modératrice.

La conséquence naturelle d'un tel régime est évidemment que les ministres, quoique institués par la couronne, sont en réalité désignés et nommés par le Parlement. Le souverain les installe et les couvre, sans les inspirer ni les diriger; et, faisant tout en vue d'exprimer les intentions du parlement, ils ne cessent pas d'être, en tous points, ses justicia bles, et de répondre de leurs actes devant lui.

En France, sauf les deux essais d'importation d'un régime étranger sans rapport avec le génie national, et qui ont amené deux révolutions, en France, le pouvoir supérieur, souverain et dirigeant a toujours résidé dans une monarchie forte, conseillée, contenue, modérée par de grands corps politiques, mais agissant sous sa responsabilité, par l'intermédiaire de ministres irresponsables envers le pays.

A part cette différence considérable, fruit des temps modernes, qu'au lieu de reposer sur la tradition, comme dans l'ancien régime, il repose sur la volonté de la nation, librement, solennellement et itérativement exprimée et constatée, le pouvoir de la dynastie impériale a la même nature et le même génie que le pouvoir de Louis XIV. Mieux défini, plus limité, plus efficacement contenu, en communication plus intime et plus permanente avec les entrailles du peuple, d'où il sort, il n'en a pas moins l'essence de cette traditionnelle et glorieuse monarchie française, à laquelle nous devons l'étendue, l'unité, la force et le lustre de notre nation.

Sous un régime dans lequel le pouvoir souverain est ainsi constitué, il est bien évident que les ministres, soit qu'ils communiquent avec les gouvernements étrangers, soit qu'ils communiquent avec les représentants du pays, dans les grands corps délibérants, expriment toujours des idées qui, pour être aussi les leurs, n'en sont pas moins, avant tout et par dessus tout, les idées du souverain.

Ils sont moralement, et dans une certaine mesure, responsables de ces idées, en ce sens qu'ils s'en sont faits volontairement et publiquement les partisans, les soutiens et les organes ; mais, quelles que soient les fonctions de ces ministres, qu'ils aient des portefeuilles ou qu'ils n'en aient pas, on comprend que c'est principalement du souverain qu'ils relèvent et qu'ils dépendent, et que c'est envers lui seul qu'ils sont responsables, puisque c'est de lui qu'ils tiennent leur mission.

Bien évidemment, si l'Empereur l'avait jugé préférable, il aurait pu envoyer devant le Sénat et le Corps législatif, pour y défendre sa politique, les ministres avec portefeuille, de nomination ancienne, comme il vient d'y envoyer les ministres sans portefeuille, de nomination récente. Les premiers n'y eussent été ni plus ni moins responsables que les derniers : mais comme il aurait fallu, pour les envoyer dans les chambres, les remplacer dans leurs cabinets, soit par des sous-secrétaires d'État, soit par d'autres fonctionnaires ayant moins de talent, de pratique ou d'autorité, il a paru plus logique et plus efficace de les remplacer dans les débats publics par des collègues du même rang, du même mérite et du même crédit.

Assurément les ministres nouveaux auront à suivre les lois dans leur germe au conseil de l'Empereur, dans leur élaboration au conseil d'État, dans leur crise au Corps législatif et au Sénat ; ils auront à recevoir la confidence complète de leurs collègues, chargés d'administrer le pays : mais les fonctions qui leur incombent n'amoindrissent pas le pouvoir placé dans leurs mains; et le portefeuille de ceux qui n'en ont pas ne sera ni le moins lourd, ni le moins honorable.

Nous ne saurions donc assez nous étonner des regrets du *Journal des Débats* et du *Siècle*, qui considèrent la présence des ministres à portefeuille, au milieu des luttes politiques, comme la condition nécessaire d'un bon gouvernement représentatif. Ces journaux et leurs amis sont des Épiménides, qui dorment depuis le 23 février 1848. Ils ne s'aperçoivent pas que les conditions fondamentales du gouvernement ont changé; et les ministres à portefeuille d'aujourd'hui viendraient d'ailleurs occuper les bancs de leurs prédécesseurs, qu'ils y apporteraient le même titre, sans y apporter les mêmes fonctions et le même caractère. On pourrait les y combattre encore; on ne les y destituerait plus.

L'insuccès d'un ministre devant les chambres n'entraînerait plus, comme autrefois, l'échec de ses collègues, par la raison qu'ils ne sont responsables qu'individuellement, et chacun en ce qui le concerne.

Il y a des ministres ; mais on peut dire, dans l'ancienne acception du mot, il n'y a pas de ministère.

IX.

Nous nous arrêterons un peu plus, mais sans la redouter davantage, à l'objection du journal l'*Union*, qui craint les suites que peut avoir, sous des ministres irresponsables, le désaccord éventuel du Corps législatif avec le souverain, ainsi laissé à découvert. L'*Union* dort aussi, et depuis 1830. C'est la fonction, le devoir, le goût et l'occupation de l'Empereur d'être à découvert devant la France, qui l'a choisi et qui lui a confié sa destinée. C'est précisément ce contact immédiat avec le pays qui fait sa force.

Entre la France et son Souverain, il ne saurait jamais, sous un gouvernement national, y avoir d'intermédiaire ou de plastron. Sa pensée se produit sans truchement, comme sa personne sans gardes.

Il pouvait être nécessaire de masquer et de matelasser l'autorité souveraine, sous Louis XVIII, porté au trône par le malheur des armées, ou sous Louis-Philippe, élevé au pouvoir à une minorité ; mais une dynastie assise sur le choix unanime du pays, plusieurs fois confirmé, a un piédestal si large et si solide, qu'elle peut braver l'assaut des partis. S'isoler d'elle, serait s'isoler de la France.

Sans doute, sous ces institutions comme toutes les institutions possibles, l'homme restera avec ses conditions humaines. Ceux qui veulent être égoïstes, brouillons, mauvais citoyens, n'ont pas besoin qu'on leur fournisse des prétextes ; les occasions de mal vouloir ou de mal faire sont innombrables et inépuisables. L'Empereur est trop sensé pour s'être promis de trouver un remède infaillible contre toutes les agitations ; mais puisque les sociétés, malgré des troubles inévitables, subsistent encore, c'est une preuve que les hommes au cœur droit y sont en majorité.

L'institution des ministres sans portefeuille a du moins un côté par lequel elle doit plaire aux esprits élevés et flatter les nobles ambitions. C'est une arène ouverte au patriotisme et au talent. Ceux qui peut-être se plaignaient que les institutions impériales n'offraient pas aux hommes nouveaux, portés de bonne volonté, assez d'occasions de se signaler au choix du souverain par le choix préalable de l'opinion publique, seront forcés d'avouer que désormais le pouvoir devient accessible à tous ceux qui sont faits pour le saisir.

X.

COMPTE RENDU COMPLET DES DÉBATS ET DU DROIT D'AMENDEMENT.

Ce qui touche le compte rendu explicite et direct des débats des chambres, et la faculté rendue au Corps législatif d'amender tel ou tel article de loi, n'exige qu'un mot ; ce sont deux mesures également bonnes et qui étaient également désirées.

En la forme usitée jusqu'ici pour les comptes rendus, le zèle, les lumières et l'impartialité des employés du secrétariat et de la commission des présidents de bureaux étaient impuissants. Les plaintes, pour rester étouffées dans l'intérieur du Corps législatif, n'en étaient ni moins fréquentes ni moins vives. Tels qu'on les trouvait dans le journal officiel, les débats manquaient plus d'une fois d'exactitude, et toujours de cette vie de l'idée et des détails, qui est la vérité et la signification réelle des discussions. La reproduction directe et complète était donc vivement et unanimement désirée, et une allocution de M. le comte de Morny, à la fin de la session dernière, l'avait fait pressentir comme prochaine.

Le droit d'amendement était aussi ardemment et généralement souhaité. Il en coûtait aux amis constants et fidèles du gouvernement de laisser quelquefois dans une loi excellente des défectuosités qu'un amendement aurait fait disparaître.

Il serait superflu d'insister pour bien faire comprendre avec quelle gratitude le Corps législatif accueillera un droit en lui-même modéré, juste, éminemment utile, et qu'il avait bien mérité par la loyauté de son concours.

XI.

RÉGIME DE LA PRESSE.

Le décret du 24 novembre garde le silence sur le régime de la presse.

Ce silence est un fait considérable en lui-même, et il caractérise l'esprit dans lequel est conçu le développement apporté aux institutions par le décret du 24 novembre.

Nous devons trop à la presse, pour n'être pas le partisan sincère de toute honnête et loyale liberté, qui permette aux journaux d'éclairer les pouvoirs publics et de coopérer aux progrès utiles ; mais nous tenons trop au principe d'ordre et de sécurité, pour hésiter à dire que nous sommes adversaire déclaré de tout système de liberté qui permettrait aux journaux de dominer et d'opprimer les intérêts généraux, le gouvernement, enfin, la société elle-même.

Avant d'être publiciste, nous sommes et voulons rester citoyen.

Un certain nombre de journaux de Paris et des départements, plus jaloux, à notre avis, de leurs convenances personnelles et des partis politiques qu'ils représentent, que du calme et de la bonne direction des esprits, ont prétendu que le journalisme ne saurait tarder à recevoir des prérogatives nouvelles, et à être aussi bien traité que le Sénat et le Corps législatif. Que sera-t-il en réalité de ces espérances ?

Nous ne voudrions, en cette question comme en toute autre, rien attribuer légèrement au gouvernement de l'Empereur ; cependant, la remarquable et récente circulaire de **M.** le comte de Persigny, ministre de l'intérieur, autorise à penser qu'il ne sera rien changé aux principes fondamentaux du décret du 17 mars 1852, qui règle le régime de la presse.

Le principe de ce décret consiste en ceci, qu'il attribue au gouvernement une autorité discrétionnaire sur la liberté de la presse. Armé de ce décret, le gouvernement peut laisser aux journaux une grande liberté d'examen ; mais il reste toujours libre de poser la limite où la discussion doit s'arrêter.

En thèse générale, la presse, aux termes de ce décret et des intentions formelles du gouvernement, pourra tout pour éclairer les pouvoirs publics, rien pour les dominer ou pour es détruire.

Une liberté aussi sérieuse et aussi étendue devrait satifaire tous les écrivains raisonnables, tous ceux qui ne se proposent pas de troubler la société ou de renverser le gouvernement. Néanmoins, la plupart des journaux s'obstinent à demander une garantie légale, c'est-à-dire un texte précis de loi qui, leur laissant une carrière déterminée à parcourir, les mette à l'abri de l'appréciation et de l'intervention administrative,

Le gouvernement entrera-t-il dans cette voie?

Étendra-t-il en réalité les prérogatives actuelles de la presse périodique? rétablira-t-il le droit dont elle a longtemps joui de discuter à outrance les actes du gouvernement, de juger et de travestir, à sa guise, dans des appréciations intéressées et passionnées, les débats législatifs? — Nous ne savons; cependant, il y a une manière de pressentir avec quelque certitude les résolutions futures d'un gouvernement : c'est de rechercher ce que sa nature, son intérêt de conservation et le bon sens lui conseillent de faire.

Nous allons nous placer à ce double point de vue, et chercher à dégager ce que, étant données la nature des institutions impériales et les dispositions les plus générales de l'esprit public, il est raisonnable et naturel de supposer que le gouvernement actuel fera pour la presse périodique.

XII.

Tout en maintenant comme un principe incontestable et nécessaire que le devoir de tout gouvernement est de surveiller et de réprimer le trouble et les désordres moraux qui pourraient résulter de la publication des opinions individuelles, nous tenons, avec tous les hommes sensés, qu'il faut faire une grande différence entre les livres et les journaux.

Comme les opinions individuelles n'intéressent la société qu'au point de vue de l'atteinte qu'elles peuvent porter à l'ordre public, les livres offrent toujours moins de danger que les journaux, parce qu'ils sont moins lus, et qu'ils sont lus par des personnes plus instruites et plus réfléchies.

Deux raisons considérables conseillent et ordonnent à tout gouvernement sensé de veiller attentivement sur la presse périodique.

La première, c'est la rapidité avec laquelle elle peut passionner et égarer l'opinion publique, en faisant pénétrer dans les recoins les plus reculés du pays des appréciations injustes, mensongères, diffamatoires, qu'aucun contrôle efficace ne peut suivre, rectifier et détruire complétement.

La seconde, c'est que si les livres sont habituellement consacrés à des questions spéculatives ou plus ou moins scientifiques, les journaux, au contraire, cherchent et trouvent leur principal attrait dans la discussion de matières politiques dont la réglementation, dans tous les États et sous tous les régimes possibles, est réservée à des corps spéciaux, institués, au nom du pays, pour les étudier et pour les formuler.

La presse périodique serait donc, si sa tendance la plus facile et la plus habituelle n'était raisonnablement contenue, une complète et flagrante usurpation sur les pouvoirs publics.

Sans avoir le droit d'élire, elle cherche à diriger les élections ; sans avoir le droit de figurer dans les corps délibérants, elle cherche à influencer les délibérations ; sans avoir le droit de siéger dans les conseils du souverain, elle cherche à provoquer ou à prévenir les actes du gouvernement ; sans avoir reçu ni d'un département, ni d'un arrondissement, ni d'une commune, ni d'un hameau, une délégation quelconque, elle cherche à gouverner la nation ; en un mot, elle cherche à substituer son action à l'action de tous les pouvoirs établis et légaux, sans être en réalité investie d'aucun droit proprement dit.

XII.

Qu'on cherche, en effet, les droits dont peut être investie la presse périodique, et qu'on indique les délégations qu'elle a reçues.

Tout le monde sait quelle est en général la constitution d'un journal solidement assis. Une société de capitalistes groupe autour d'elle un certain nombre d'écrivains de talent ; on imprime au journal la direction désignée par le fondateur ou conseillée par l'intérêt bien entendu de la commandite ; et, tous frais payés, les capitalistes se partagent les bénéfices de la publication.

Où est, dans cette constitution habituelle de la presse périodique, le droit politique et la délégation du pays? Où est, pour ces capitalistes ou pour ces écrivains, n'ayant d'autres liens que leur intérêt ou leurs convenances, l'investiture qui les ferait les directeurs, les contrôleurs des corps politiques, les juges du gouvernement? Où est ce sacerdoce, dont quelques journalistes parlent de temps en temps? Qu'on dise comment la presse périodique pourrait dominer tous les pouvoirs publics, sans posséder les prérogatives du moindre d'entre eux?

Il y a d'ailleurs une remarque générale à faire, au sujet des prétentions ou des ambitions du journalisme. Autant les écrivains d'un journal sont ardents, autant ses capitalistes sont modérés. Les uns veulent composer des articles brillants, osés, et se faire un nom célèbre ; les autres veulent toucher des dividendes élevés, certains, et se faire des revenus considérables. A juger de la question par le langage de quelques écrivains, la presse de Paris serait dans une situation pénible ; mais qu'on réunisse les actionnaires des grands et puissants journaux, et nous offririons de parier qu'ils seraient peu désireux de voir changer le régime actuel de la presse périodique.

La conclusion à tirer de ce qui précède est bien simple. Ce n'est que par un renversement des plus ordinaires notions du bon sens que la presse périodique pourrait se croire investie du droit naturel de diriger le pays, sans avoir reçu de qui que ce soit une délégation quelconque ; de s'imposer à tous ceux qui ont des pouvoirs, sans en avoir elle-même ; d'absorber dans les opinions ou dans les intérêts d'un petit nombre d'individus les sentiments, les volontés et les intérêts d'une nation ; et d'avoir au milieu de l'État, dominant les destinées publiques, une centaine de petits États, ne relevant que des vues de quelques prétendants ou des fantaisies privées.

Il faut donc, quoi qu'on désire, quoi qu'on ambitionne ou quoi qu'on fasse, en revenir, en matière de presse périodique, à cette vérité bien simple : les journaux, qui ne représentent et ne sauraient représenter que des intérêts individuels, doivent être subordonnés aux intérêts généraux ; et la liberté de la presse doit avoir pour limite infranchissable le respect dû aux pouvoirs établis et à l'ordre public.

Ainsi, il est essentiel de distinguer entre la convenance qu'il y a de laisser aux journaux toute la liberté qui n'est pas dangereuse pour les institutions et pour l'ordre public, et la doctrine qui consisterait à reconnaître aux journaux un droit naturel et strict d'intervenir dans les affaires publiques. Nous nions l'existence de ce droit attribué à la presse, tout aussi nettement et aussi franchement que nous soutenons la convenance de la laisser libre, pouvu qu'elle n'abuse pas de la liberté.

Quelques journaux, et notamment la *Presse*, ont soutenu que la prétention des écrivains se réduisait à réclamer le *droit commun*, c'est-à-dire le droit que, d'après ces écrivains, possèdent tous les citoyens de se mêler des affaires publiques.

Cette prétention est évidemment irréfléchie, et *le droit commun* qu'on réclame n'existe pas. Il n'y a pas un seul citoyen qui ait le droit de se mêler toujours et de toutes choses.

L'électeur, le conseiller de la commune, de l'arrondissement, du département, le député, le sénateur, sont investis de droits précis et limités ; précis quant au moment où ces droits s'exercent, limités quant à la question à laquelle ils 'appliquent.

L'électeur ne peut pas voter hors du temps des élections ni hors de sa circonscription ; les conseillers ne peuvent pas se réunir sans convocation ; le Sénat et le Corps Législatif ne discutent et ne votent qu'en session et conformément à l'ordre du jour.

Seuls, les journaux auraient la faculté de traiter de toutes les questions possibles, dans toutes les circonstances imaginables ; ils seraient donc investis, dans cette hypothèse, de prérogatives dont ne jouissent point même les membres des premiers Corps de l'État ?

Dans tous les cas, ce droit, que réclament certains journaux, ne serait point *le droit commun*, mais le plus exorbitant des priviléges.

D'ailleurs, l'exercice de la liberté de la presse est une faculté éminemment aristocratique, en ce sens qu'elle suppose la réunion, toujours difficile et rare, de certains capitaux et de certains talents. Les grandes villes, où les capitaux, les talents et les ambitions se donnent rendez-vous, ne sauraient être raisonnablement investies d'une dictature politique illimitée dans son action, sous un régime réglé et équitable, qui garantit le droit du faible comme celui du fort.

Tels sont les principes bien évidemment suggérés par le bon sens, en matière de presse périodique ; les régimes qui s'en sont départis et se sont soumis aux journaux pour une cause ou pour une autre, ont tous et invariablement péri par cette concession.

XIV.

L'Assemblée Constituante, qui avait besoin d'un puissant bélier pour effondrer les institutions traditionnelles de la France et pour leur substituer ses combinaisons idéologiques, se donna l'appui de la presse libre, ainsi que l'appui des clubs ; mais cette alliance lui fut fatale, ainsi qu'à tous ceux qui l'acceptèrent ou la subirent. La presse périodique, que la pente naturelle de la discussion pousse toujours en avant, se tourna à la longue contre les Constituants, qu'elle sacrifia aux Girondins, avant de sacrifier ceux-ci aux Montagnards.

En somme, la liberté de la presse ne fut qu'un mot pendant toute la durée de la révolution ; tous les partis l'exploitèrent pour arriver au pouvoir, et la supprimèrent après y être arrivés. Les journalistes firent sans cesse la courte-échelle aux ambitieux, et ils laissèrent les têtes de vingt-cinq d'entre eux sur le plancher de la guillotine, sans compter ceux qui furent assassinés ou déportés. Triste résultat d'une liberté sans frein, qui perdit les hommes sans faire prévaloir les idées !

Le gouvernement de la Restauration sentit bien que l'établissement du régime représentatif serait compromis et finalement échouerait, si, indépendamment de ses propres agitations, il avait encore à lutter, durant ses premières années, contre le déchaînement de la presse périodique, alimentée par les passions de toute nature qui s'élevaient contre lui. Il fit donc ce qu'il put pour contenir ou diriger la presse ; mais il ne devait pas réussir dans cette tâche, toujours délicate et difficile, parce que ce régime, sans base solide dans les classes populaires, se trouvait à la merci des classes politiques, plus attachées à la presse, qui est, pour elles, un instrument. La Restauration dut donc faire des concessions à la presse, qui exalta et poussa à outrance les résistances parlementaires et finalement brisa le trône dans la lutte.

Le gouvernement de Juillet, sorti de ce triomphe de la presse périodique, dut naturellement subir son empire, puisqu'il recueillait ses bienfaits. Il lutta dix-sept ans, ballotté entre les conseils de la raison et les vices de son origine ; finalement, il succomba visiblement sous les coups de la presse, qui avait, comme en 1830, entraîné et dominé une partie du parlement.

A quoi servirait l'histoire, si de telles leçons ne profitaient pas.

L'Empire est le seul régime qui, en laissant à la presse

périodique une liberté sage et nécessaire, ait pu et su préserver le pays et les journaux eux-mêmes de leurs entraînements et de leurs excès.

Assis sur la base inébranlable du choix populaire et de la volonté nationale itérativement renouvelée dans sa claire manifestation, l'Empire a un point d'appui solide pour résister aux exigences des minorités. Il peut même, en raison de la solidité de ce point d'appui, aller très-loin sans danger dans la voie des concessions libérales. Aussi sommes-nous persuadés que, sans ajouter aux droits légaux de la presse, le régime impérial favorisera, dans une large mesure, la discussion de toutes les questions dont l'élucidation consciencieuse peut importer au bien général.

Et, de fait, quelles sont les matières que la presse française n'ait pas examinées et largement traitées, en ces derniers temps? Quelles questions de la politique étrangère ou de la politique intérieure n'a-t-elle pas librement abordées?

Affaires de Rome, affaires d'Italie, alliances politiques, principes et conséquences du décret du 24 novembre, convenance de dissoudre ou de conserver le Corps législatif actuel, immunités attendues et sollicitées par la presse périodique, tout cela n'a-t-il pas été discuté au gré de chacun, et l'autorité préservatrice du gouvernement est-elle intervenue en dehors des cas où les lois du pays étaient attaquées?

Tant que la presse périodique voudra se contenter de travailler à côté des pouvoirs publics, à consolider les institutions, à combattre les abus, à préparer et à seconder les progrès réels, l'intérêt du gouvernement impérial sera de la favoriser et de laisser un développement progressif à ses prérogatives acquises ; mais le jour où elle voudrait devenir l'organe de tels ou tels prétendants, de tels ou tels partis, dépossédés par la volonté générale, le gouvernement accomplirait certainement le devoir qu'il a de faire respecter les institutions nationales, populaires, établies par le pays lui-même, et dont il n'a pas confié la direction et la garde à l'Empereur pour qu'il les laisse péricliter dans ses mains.

XIV.

On parle souvent de la presse anglaise et du rôle immense qu'elle joue ; mais quelle est donc la base du journalisme en Angleterre ? — la tolérance pure et simple du gouvernement, et la faveur que ce journalisme s'est acquise dans l'opinion publique en secondant les pouvoirs publics.

La presse périodique anglaise n'a aucun *droit*, dans le sens légal et strict du mot ; son existence n'a aucune loi pour garantie.

Pour bien comprendre le régime de la presse anglaise, il faut avoir une idée nette du principe général du gouvernement et de la société, dans la Grande-Bretagne.

En Angleterre, l'idée de prévention et de direction répugne aux esprits. Tout le monde peut faire et fait ce qu'il veut, jusqu'à ce que, sur la réclamation d'un tiers qui se prétend lésé, la loi intervient et arrête le libre exercice de la liberté individuelle, s'il y a lieu, par l'amende, la prison ou le dernier supplice.

Ainsi, en Angleterre, tout le monde peut, selon sa fantaisie, rédiger un journal, se déclarer prêtre, ouvrir une pharmacie, exercer la médecine, être capitaine au long cours, sans examen, sans diplôme, sans garantie quelconque, à la seule condition de trouver des lecteurs, des ouailles, des malades ou des passagers.

Est donc journaliste, en Angleterre, qui veut et qui peut ; et l'on va ainsi tout droit devant soi, jusqu'à ce que la loi vous arrête, ou par une amende qui vous ruine, ou par un verdict qui vous envoie aux travaux forcés ; car cette peine est quelquefois appliquée, et la peine de mort peut l'être aussi, à des journalistes anglais tout comme à des voleurs ou à des assassins.

Il est bien évident qu'en France, où le principe de la prévention, de la garantie, de la responsabilité est sagement appliqué, le droit de fonder des journaux ne peut pas dépendre uniquement de la convenance personnelle.

Dans un pays où l'on ne peut pas être vétérinaire et soigner un bœuf, ouvrir une école, commander un navire, sans donner au public de sérieuses garanties, il n'est pas possible d'admettre que la faculté de diriger l'opinion publique, l'une des facultés les plus considérables et les plus dangereuses, ne soit, de la part de la société, l'objet d'aucune précaution préalable.

En Angleterre, durant les premières années qui suivirent l'établissement du gouvernement actuel et de la maison de Hanovre, le régime de la presse fut très-dur. Les institutions et la dynastie nouvelles ne voulurent pas se laisser discuter par les partis contraires, par les jacobites et par les catholiques. Cette sévérité s'adoucit un peu avec le temps, sans s'effacer entièrement, avec la disparition du dernier héritier des Stuarts, mort à Florence en 1807.

Ce n'est donc que depuis un demi-siècle environ que la presse politique a pris, en Angleterre, de très-vives allures. Les lois qui ont pour objet de frapper ses écarts sont toujours terribles, surtout depuis qu'elles ont été aggravées, en 1819 et en 1848, par de nouveaux actes du Parlement ; et le *Times* du 11 décembre 1860, n'hésite pas à dire que si, au lieu d'être appliquées par un jury anglais, les lois étaient appliquées par des magistrats français, la liberté de la presse serait, dans la Grande-Bretagne, « broyée et réduite en poussière. »

C'est donc la connivence présumée des passions très-diverses du jury anglais qui fait penser au *Times* que la liberté de la presse est garantie, en Angleterre, contre l'application des lois. Telle n'est pas néanmoins l'opinion de certains journaux de Londres, d'une autorité égale à celle du *Times* :

Le Morning Post, organe de l'opinion libérale, n'hésite pas à s'exprimer ainsi, dans son numéro du 11 décembre 1860 :

« Il ne vient à l'idée d'aucun homme raisonnable de douter qu'en Angleterre la rigueur de la loi recevrait une entière application, dès l'instant où quelqu'un se permettrait, par folie ou par malice, soit en paroles, soit en écrits, des commentaires séditieux contre la reine ou contre l'État. »

Dans son numéro du même jour, le *Morning Herald*, organe du torysme, dit de son côté :

« M. de Persigny a raison quand il dit que la législation ne s'arrêterait pas à de vaines théories et n'hésiterait pas à appliquer le châtiment le plus sévère, si la sécurité de l'É-tat était menacée. Si un parti quelconque tentait, au moyen de la presse, de renverser le gouvernement, la liberté de la presse cesserait d'exister, cela est vrai. »

Ainsi en Angleterre, la loi ne permet aux journaux n des *commentaires séditieux contre la reine ou contre l'É-tat*, ni des doctrines ou des paroles *tendant à menacer la sécurité de l'État ou à renverser le gouvernement.*

Toute la question est là. En Angleterre, comme partout, la liberté de la presse a pour limites le respect dû au souverain et la sécurité des institutions ; ces limites con-servées, la presse peut exercer un contrôle utile sur l'admi-nistration générale et contribuer à éclairer les questions d'intérêt public.

Il faut reconnaître que la situation agitée de la France, depuis un demi-siècle, y rend le rôle de la presse très-diffi-cile. Deux dynasties n'ont pas pu régner près de quarante ans sur le pays sans laisser, même en tombant, des amis dans les journaux qui les avaient soutenues sur le trône. La répu-blique de Février elle-même, si éphémère qu'elle ait été, a eu ses ministres et ses journalistes, qui peuvent croire leur dignité engagée dans une fidélité posthume.

Pour une presse entièrement libre et dégagée d'antécé-dents, la liberté d'examiner et de dire tout ce qui ne porte pas atteinte à l'autorité du souverain ou au maintien des institutions constituerait donc un programme aussi simple que possible ; mais, avec la connaissance que nous avons des journaux, nous souhaitons, sans l'espérer, que la presse française se contente d'une aussi vaste carrière.

Deux choses sont d'ailleurs également certaines en ce qui touche la presse :

La première, c'est qu'en général l'opinion du pays ne lui est pas très-favorable et ne pousse pas le gouvernement à étendre ses franchises. Le souvenir de ses anciens excès est encore trop vivant, et le développement des intérêts matériels a peu à peu habitué les esprits à une sécurité et à un calme que la presse ne troublerait pas impunément.

La seconde chose, également indubitable, c'est que le gouvernement a mis la loyauté de son côté par ses récentes mesures envers les journaux. De nouveaux écarts justifieraient des sévérités qui auraient la sanction de l'opinion publique.

XVI.

RÉSUMÉ.

Si, comme nous le constations au début de cet écrit, les modifications contenues dans le décret du 24 novembre n'étaient imposées ni par l'opinion ni par les affaires, on doit se demander quel motif a déterminé l'Empereur à devancer l'attente publique, au prix des luttes gratuites qu'il provoque et des soucis qu'il pouvait épargner à son règne?

Quelles que soient ces difficultés et ces luttes inhérentes à la pratique des libertés nouvelles, aucun homme politique sensé ne peut oublier que la société moderne est fille des principes de 1789, et que l'Empire, représentant et guide de cette société, est et doit rester essentiellement libéral.

Une dynastie élue par la nation et un gouvernement fondé sur le suffrage universel ne sauraient, sans perdre de leur force et de leur raison d'être, cesser de s'inspirer des intérêts et des sentiments du plus grand nombre.

Le développement graduel des institutions, soit économiques, soit politiques, dans le sens populaire, constitue donc le devoir et la règle suprêmes de l'Empire; et ce développement, poursuivi avec la condition de l'ordre, de la paix et du travail, premiers besoins des peuples, n'a pour limites que le maintien de la sécurité générale et le respect du pouvoir.

Les dynasties de l'ancien régime, auxquelles la France

dut l'extension et l'unité de son territoire, et desquelles on a pu dire qu'elles remplirent le rôle de tribuns du peuple, travaillèrent sans cesse au développement de la démocratie, en favorisant le Tiers-État, les métiers et la petite propriété.

La dynastie impériale, élevée sur le pavois, comme ses devancières, continue cette œuvre après avoir fermé les plaies de deux révolutions.

Indépendamment des destinées politiques de sa race et des devoirs attachés à son élection populaire, l'Empereur Napoléon III a professé dans ses écrits des principes de sage libéralisme, qui font présager d'une manière certaine le ligne et le but de son gouvernement.

L'Empire a donc été fidèle à la mission de son fondateur et aux doctrines de son représentant actuel, en associant plus étroitement le pays à la direction des affaires publiques.

Étant données, la nature démocratique de la société moderne et les institutions impériales, produit, expression et garantie de cette société, il était impossible qu'à la longue la pensée populaire ne pénétrât point d'une manière plus intime dans le gouvernement. Tôt ou tard, l'épreuve qui se fait aujourd'hui devait être acceptée.

La loyauté et l'abandon avec lesquels les destinées de la France ont été livrées à la sagesse et au génie de la dynastie napoléonienne appelaient l'époque où cette dynastie, rendant confiance pour confiance, présenterait sa politique gérale, ses actes, son œuvre, enfin, à l'examen et au verdict réguliers et solennels du pays.

Eh bien ! nous croyons que l'Empereur, qui aurait pu s'endormir, pendant son règne, dans une sécurité égoïste et renvoyer un labeur lointain, mais inévitable, aux soins de son fils et des nôtres, mérite d'être loué pour avoir revendiqué ces soucis et ces devoirs.

En général, lorsqu'il s'agit de réformes politiques, le plus difficile n'est pas de les concevoir, mais de les exécuter. Un esprit net et un cœur droit suffisent pour démêler, dans un état social. les améliorations à introduire ; il faut encore, pour les faire prévaloir, un caractère calme et résolu, et une main ferme au service d'une grande autorité morale.

C'est précisément au moment où l'Empereur doit à deux grandes guerres, heureusement terminées, à des réformes économiques opérées avec l'applaudissement général, une situation particulièrement prépondérante et glorieuse ; c'est au moment où il est dans la maturité de son intelligence, dans l'épanouissement de sa force et de sa popularité, qu'il entreprend et qu'il dirige un développement de la liberté pratique et loyale qui, un jour, par la nature même des choses, serait venu s'imposer à un jeune souverain ou peut-être à une régence.

L'influence morale de l'Empereur, l'autorité de son nom, l'affection que lui porte la France, planeront sur ce fonctionnement nouveau des grands pouvoirs, en seconderont et en assureront le succès; et l'Empereur est assez jeune, non-seulement pour mener à bien cette délicate et nécessaire entreprise, mais pour devoir aux leçons de l'expérience la révélation de ce qui, dans l'avenir, répondrait mieux encore aux vœux de la France.

C'est avec cet esprit qu'il nous paraît nécessaire d'envisager les mesures nouvelles; et nous sommes persuadés que les grands corps de l'État, comme tous les bons citoyens, au lieu d'y chercher des occasions de luttes bruyantes ou d'avantages personnels, s'y associeront avec toute la loyauté de leur âme, comme à une épreuve de laquelle dépendent le repos, la prospérité et la gloire du pays.

FIN.

Paris. — Imprimerie de L. TINTERLIN et Cᵉ, rue Neuve-des-Bons-Enfants, 3.